# Elke Selke

# GOLDMÜTZCHENS ABENTEUER

## ANKUNFT IM ZWERGENLAND

# Das Findelkind

Vor vielen Jahren lebten Marius und seine Frau Hannah in dem Dorf Skibberi im Randuri-Zwergenland. Marius arbeitete als Schreiner. Er liebte die Arbeit mit Holz. Er stellte Tische, Stühle und Schränke her, baute Türen und Fenster.

Hannah war Schneiderin. Sie konnte ein einfaches Stück Stoff in ein wundervolles Kleid verwandeln. Ihre Kleidungsstücke waren bei den Zwergen weit über das Dorf hinaus begehrt.

Das Paar wohnte in einem Haus am Waldrand. Die Schreinerwerkstatt befand sich gleich nebenan.

Eines Tages kehrte Marius zufrieden vom Holzhändler zurück. Er hatte wertvolles Eichenholz erworben. König Cody I. hatte den Schreiner beauftragt, eine Kommode zu bauen. Der Auftrag erfüllte Marius mit Stolz. Er pfiff fröhlich vor sich hin und ging zur Werkstatt, um mit den Vorbereitungen zu beginnen.

„Was ist das?", rief Marius überrascht, als er ein helles Bündel vor der Tür zur Schreinerwerkstatt erblickte. Er ging vorsichtig näher heran und sah, dass es sich um ein Baby handelte, das in eine Decke gewickelt war.

„Oh weh", dachte er, „Ein Zwergenbaby hier draußen in der Kälte. Ich muss es schnell ins Warme bringen."

Marius nahm das Bündel vorsichtig in den Arm und lief damit ins Haus.

Hannah wunderte sich, dass ihr Mann so früh am Tag nach Hause kam. Er war ganz außer sich, zeigte ihr das Bündel und berichtete, wie er es gefunden hatte. Hannah sah das Kind und erschrak.

„Hoffentlich ist dem Kleinen nichts passiert. Es ist doch so kalt! Wer legt denn ein Kind in dieser Jahreszeit draußen ab?"

Sie nahm das Zwergenkind in den Arm. Marius holte frische Laken, legte ein weiches Fell in einen Wäschekorb und bereitete dem Baby ein Bettchen.

Hannah legte das Zwerglein behutsam in

den Korb. Es schlief und sie wollte es nicht wecken. Das Kind schien nicht verletzt oder krank zu sein.

Marius und seine Frau Hannah setzten sich an das Wäschekorbbettchen und schauten das Baby ganz verzückt an. Wie niedlich es war mit seinem rosigen Gesicht und der süßen Stupsnase. Plötzlich stutzten sie.

Das Zwergenkind hatte ein gelbes Mützchen!

# Die Mütze

Hannah fand als Erste ihre Worte wieder: „Was ist denn das? Warum hat er kein rotes Mützchen?"

Marius hatte darauf auch keine Antwort. Sprachlos schauten sie den kleinen Zwerg an, der eine gelbe Mütze auf seinem Köpfchen trug.

Im Randuri-Land kam jedes Zwergenkind mit einer roten Mütze zur Welt, die es sein Leben lang behielt. Nur am Abend setzten die Zwerge ihre Mütze ab, wuschen sie und hängten sie über Nacht zum Trocknen auf die Wäscheleine.

Zum Schlafen setzte jeder Zwerg eine Nachtmütze aus dünnem rotem Baumwollstoff auf. Morgens nach dem Aufstehen ist es die erste Handlung, die Nachtmütze gegen die weiche rote Zwergenmütze zu tauschen. Nur mit dieser Mütze konnte man vor die Tür gehen. Ohne die rote Mütze war man kein richtiger Zwerg. Noch nie hatte man im Randuri-Land ein Zwergenkind mit einer gelben Mütze gesehen!

Hannah war verzweifelt. Sie hatte sich so lange ein Kind gewünscht und nun hatte jemand wie durch ein Wunder ein Kind vor ihre Tür gelegt. Das musste doch ein Zeichen sein! Sie hatte das Zwerglein schon so lieb gewonnen. Doch warum hat es ein Mützchen in einer anderen Farbe?

Hannah schluchzte und eine Träne fiel auf das gelbe Mützchen. Plötzlich schien es, als würde die Mütze leuchten.

Marius rief: „Sieh mal, die Mütze glänzt wie echtes Gold. Unser Findelkind ist ein Goldmützchen!"

Auch wenn die beiden noch nicht wussten, ob sie das Zwergenkind aufnehmen durften und wie sie die andere Mützenfarbe ihrer Familie, den Nachbarn und den anderen Zwergen im Dorf erklären sollten, vergaßen sie ihre Sorgen für einen Moment.

Sie nahmen das Kind in ihre Mitte, umarmten sich und gaben dem kleinen Zwerg den Namen „Goldmützchen".

# Goldmützchen bekommt eine Familie

Hannah rief Doktor Fips an und berichtete ihm von dem Findelkind. Der Kinderarzt machte sich sofort auf den Weg.

Eigentlich hieß er Philipp. Doch dieser Name war zu schwierig für seine kleinen Patienten. So wurde er von allen Doktor Fips genannt.

Der Arzt untersuchte das Zwergenbaby von Kopf bis Fuß. Zufrieden stellte er fest, dass der kleine Junge kerngesund war. Die Mütze in der anderen Farbe war ihm auch aufgefallen.

Er versuchte, die Eltern zu beruhigen als er sagte, dass sich die Farbe noch ein wenig ändern kann. Vielleicht wird noch ein helles Rot oder Orange daraus.

Hannah und Marius atmeten auf. Ihnen fiel ein Stein vom Herzen.

Goldmützchen wuchs schnell heran. Hannah und Marius adoptierten den kleinen Jungen und umsorgten ihn voller Liebe.

Zwergenkinder können bereits nach wenigen Wochen laufen. Goldmützchen hatte viel Spaß daran, die Welt zu erkunden. Gern spielte er am Waldrand, wo er Vögel, Hasen und Igel beobachten konnte.

Oft brachte er Hannah einen bunten Strauß Wiesenblumen mit.

# Goldmützchen kommt in die Schule

Schon nach ihrem dritten Geburtstag kommen Zwergenkinder in die Schule. Lernen ist wichtig im Randuri-Land, jeder muss hier sein Bestes geben. Goldmützchen freute sich auf die Einschulung. Er war gespannt auf die Schule, die anderen Kinder und seine Lehrerin.

Zur Einschulung bekam Goldmützchen eine große Zuckertüte. Sie war gefüllt Bonbons, Keksen, Schokolade und Obst. Besonders stolz war er auf seinen schicken blauen Schulrucksack. Am liebsten hätte er ihn den ganzen Tag aufbehalten.

Er konnte es kaum erwarten, die Fibel und das Mathematikbuch auszupacken. Goldmützchen wollte fleißig sein und ganz schnell lesen, schreiben und rechnen lernen. Hannah und Marius sollten stolz auf ihn sein.

Bisher las Hannah dem kleinen Jungen jeden Abend eine Geschichte zum Einschlafen vor. Das war sehr schön, doch Goldmützchen freute sich darauf, bald selbst Geschichten lesen zu können. Dann müsste er sich nicht mit einer einzigen begnügen, sondern konnte zwei oder drei lesen. Was für ein Spaß!

Der Zwergenjunge wollte auch schnell rechnen lernen. Marius hatte ihm die Schreinerei gezeigt und erklärt, dass genaues Rechnen sehr wichtig wäre. Wenn man den Holzverbrauch für ein Möbelstück nicht richtig plant, kann es passieren, dass das Holz nicht reicht oder dass zu viel übrig bleibt. Holz ist im Randuri-Land kostbar. Es wird für den Bau von Möbeln, Häusern und Schiffen gebraucht. Bis ein Baum groß genug ist, dauert es viele Jahre. Daher muss man Holz besonders sparsam einsetzen.

Bereits bei der Einschulungsfeier merkte der Zwerg, dass ihn die anderen Schulkinder und deren Eltern komisch anguckten und ihm aus dem Weg gingen.

Ja, er wunderte sich ja auch, dass seine Mütze eine andere Farbe hatte, aber er war doch ein Zwerg wie die anderen!

Sein Vater legte seinen starken Arm um Goldmützchens Schultern und sagte: „Sei nicht traurig, das wird schon."

Doch Goldmützchen war traurig.

# Goldmützchen ist allein

Nach der Einschulungsfeier liefen die Kinder in ihren Klassenraum. Der Raum war frisch gestrichen und mit hübschen Möbeln und bunten Bildern ausgestattet.

Jedes Kind durfte sich einen Platz suchen. Goldmützchen setzte sich ans Fenster, so konnte er den Schulhof sehen. Der Platz neben ihm blieb leer.

Alle anderen Kinder hatten einen Banknachbarn, nur Goldmützchen nicht. Sehnsüchtig schaute er zur Tür, ob vielleicht noch ein Kind hineinkäme, doch er blieb allein.

Goldmützchen lernte schnell. Schon bald konnte er seinen Namen schreiben und bis zwanzig zählen. Doch seine Freude auf die Schule war verflogen. Die anderen Kinder mieden ihn und nannten ihn abfällig „Gelbhut".

Kein einziges Kind wollte sich mit ihm am Nachmittag zum Spielen verabreden oder auf dem Nachhauseweg zusammen mit ihm gehen.

Immer wieder überlegte er, was er falsch machte. Sollte es wirklich die Farbe seiner Mütze sein?

Traurig erzählte er seiner Mutter beim Mittagessen, dass ihm die anderen Kinder aus dem Weg gingen. Wie gern hätte er einen Freund gehabt, mit dem er sich am Nachmittag zum Spielen verabreden konnte.

Aber niemand wollte sein Freund sein.

Hannah versuchte, den Kleinen zu trösten. Sie versicherte ihm, dass sie und Marius ihn mehr liebten, als alles auf der Welt. Für sie war egal, welche Farbe seine Mütze hatte. Doch die Sorgen konnte sie dem Zwergenkind nicht nehmen.

Hannah war Schneiderin. In der Nähstube lagerte sie Stoffe in allen Farben. Heimlich nahm sie am Abend den roten Filz hervor, drehte ihn hin und her und überlegte, ein Mützchen für Ihren Sohn daraus zu nähen.

Sie setzte sich an die Nähmaschine. Sie fädelte rotes Garn ein und wollte gleich beginnen.

Wie gern hätte sie Goldmützchen ein rotes Mützchen genäht und ihm seine Sorgen genommen. Doch im Randuri-Land war es strengstens verboten, das Mützchen, das man bei der Geburt bekam, durch ein anderes zu ersetzen.

Also legte sie den Stoff betrübt wieder ins Regal zurück.

# Am Wasser

Wieder einmal war Goldmützchen auf dem Nachhauseweg allein geblieben. In der Küche wartete seine Mutter schon mit dem Essen auf ihn. Heute gab es Eierkuchen mit Apfelmus, Goldmützchens Lieblingsgericht.

Der Zwergenjunge berichtete seiner Mutter von der Schule und zeigte ihr stolz ein Bild, das er im Zeichenunterricht gemalt hatte. Nach dem Essen erledigte er fix seine Hausaufgaben. Schließlich wollte er den Nachmittag bei dem schönen Wetter draußen verbringen.

Goldmützchen zog los. Am Waldrand erblickte er ein Eichhörnchen, das mit Leichtigkeit von einem Ast zum anderen sprang. Voller Bewunderung schaute er dem flinken Tier hinterher.

Er ging weiter bis zum See. Als er ins Wasser schaute, entdeckte er sein Spiegelbild. Die gelbe Farbe seiner Mütze leuchtete im Wasser. Dieser Anblick erinnerte ihn sofort wieder an seine Sorgen.

„Warum habe ich denn keine rote Mütze wie die anderen Kinder?" Eine Träne fiel ins Wasser.

Da huschte im See etwas ganz schnell vorüber. Goldmützchen sah genauer hin und erblickte einen Fisch. Er schillerte in vielen Farben. Das Zwergenkind beobachtete die geschmeidigen Bewegungen des Fisches und stellte sich vor, auch so durch das Wasser gleiten zu können.

Plötzlich sprang ein sonderbares grünes Tier ins Wasser. Goldmützchen erschrak. Das grüne Geschöpf schwamm ans Ufer und sah Goldmützchen mit großen Glupschaugen an.

„Hey, warum schaust du so erschrocken? Ich bin Frederic, der Frosch und ich freue mich, dass du mich besuchst. Willst du mit ins Wasser kommen?"

Goldmützchen war überrascht. Noch nie hatte er einen Frosch gesehen. Er sah lustig aus mit seinem breiten Maul, den großen Augen und den langen Beinen.

„Hallo, ich bin Goldmützchen", erwiderte der Zwerg.

„Ich wohne mit meinen Eltern da hinten am Wald. Ich würde gern zu dir ins Wasser kommen, aber ich kann doch nicht schwimmen."

„Was? Du kannst nicht schwimmen?", fragte Frederic erstaunt. „Das ist doch ganz einfach. Guck einfach zu. Ich zeige dir, wie es geht."

Der Frosch schwamm ganz langsam, sodass Goldmützchen die Bewegungen genau erkennen konnte. Er kam  ans Ufer und zeigte die Bewegungen der Arme noch einmal genau. Goldmützchen machte die Armbewegungen nach.

„So, nun müssen wir noch die Beinbewegungen üben. Komm ins Wasser, am Rand ist es nicht tief. Keine Angst, ich passe auf, dass dir nichts passiert."

Goldmützchen schlüpfte aus seinen Sachen. Er nahm seinen Mut zusammen und ging vorsichtig ins Wasser. Sein Herz klopfte ganz laut. Da bekam er Wasser in den Mund und schnappte nach Luft. Bald merkte er, dass das Wasser ihn trug. Er bewegte die Arme so, wie der Frosch es vorgemacht hatte.

Schnell erlernte er auch die Beinbewegungen.

Oh, das war ein Spaß! Er planschte und schwamm mit Frederic lustig im See herum.

Als die Kirchturmglocke schlug, schwamm er schnell zurück ans Ufer. Er zog seine Sachen an, denn er musste nach Hause. Er verabschiedete sich von Frederic und versprach, bald wieder zu kommen.

Als Goldmützchen am Abend im Bett lag, dachte er über den schönen Nachmittag nach. Er konnte schwimmen! Das war wunderbar! Noch mehr freute er sich, dass er Frederic kennengelernt hatte.

Es fühlte sich gut an, einen Freund zu haben.

# Wally Walfisch

Am nächsten Morgen war Goldmützchen schon wach, als seine Mutter in sein Zimmer schaute. Fröhlich wusch er sich, putzte sich die Zähne und zog sein blau-weiß gestreiftes Lieblingsshirt an.

Nach dem Frühstück lief er los in die Schule. Er freute sich schon darauf, am Nachmittag mit Frederic um die Wette schwimmen zu können.

In der ersten Stunde stand Lesen auf dem Stundenplan. Goldmützchen las gern. Zu Hause hatte er viele Bücher. Am liebsten las er Märchen und Tiergeschichten.

Frau Sonsalla, die Klassenlehrerin, begrüßte die Zwergenkinder. Da klopfte es an der Tür. Der Direktor kam mit einem Mädchen herein. Das Mädchen war sehr dick.

„Das ist Wally", sagte der Direktor. „Sie ist vor wenigen Tagen in unser Dorf gezogen. Ihre Eltern haben die alte Bäckerei übernommen. Wally wird nun gemeinsam mit euch lernen."

Pepe, einer der Zwergenjungen, prustete los. „Was für ein dickes Monster! Das ist doch nicht Wally, das ist ein Wal!"

Der Direktor schimpfte und Frau Sonsalla warf Pepe einen strafenden Blick zu. Wally schämte sich. Da kein anderer Platz mehr frei war, wies der Direktor dem Mädchen den Platz neben Goldmützchen zu. Goldmützchen musste etwas zur Seite rücken, denn die Neue war wirklich sehr dick. Alle guckten sie an, manche verwundert, manche neugierig, andere kicherten hämisch.

Goldmützchen konnte sich vorstellen, wie sich Wally fühlen musste.

In der Pause stürmten die Kinder auf den Schulhof. Wally ging auch hinaus und setzte sich auf die Mauer. Sie war nach den wenigen Schritten schon ganz außer Puste.

Die Schulglocke läutete. Die Pause war zu Ende. Die anderen Kinder waren längst im Klassenraum. Auch Goldmützchen saß schon auf seinem Platz.

Da kam Wally erst hinein. Als sie sich auf den Stuhl gesetzt hatte, nahm Pepe ihren

Schulrucksack und warf ihn in die Luft.

„Hol ihn doch du dicker Walfisch!", rief er Wally zu.

Doch das Zwergenmädchen war erschöpft und konnte sich nicht so schnell bewegen. Sie war verzweifelt und weinte bitterlich.

Die anderen Kinder ließen nicht locker. Sie spielten mit Wallys Rucksack Fangeball.

Das Mädchen tat Goldmützchen leid. Er nahm all seinen Mut zusammen, nahm den Kindern den Rucksack weg und gab ihn Wally zurück.

Sie sah Goldmützchen an und sagte leise „Danke". Plötzlich war ein goldener Schimmer auf der gelben Zwergenmütze zu sehen.

Da läutete es noch einmal und die nächste Stunde begann.

# Frederic

Wie immer war Goldmützchen allein nach Hause gegangen. Wally wurde von ihrem Vater mit dem Auto abgeholt.

Pepe hatte ihr laut hinterhergerufen: „Das ist doch kein Wunder, dass du so dick bist Wally Walfisch."

Die anderen Kinder stimmten ein: „Dicke Wally Walfisch, Wally Walfisch ...".

Goldmützchen hatte Mitleid mit dem dicken Zwergenmädchen. Doch Pepe war der Anführer der Klasse. Er war stark, sportlich und überall beliebt.

Goldmützchen lief schnell nach Hause, um nicht auch noch Ärger zu bekommen. Zu Hause berichtete er seiner Mutter davon, dass ein neues Mädchen in die Klasse gekommen ist und er nun auch nicht mehr allein auf der Schulbank sitzen musste. Er erzählte auch, dass Wally sehr dick sei und von den anderen Kindern gehänselt wurde.

Hannah war erschrocken, wie gemein die Kinder zu dem Mädchen waren. Sie war stolz, dass Goldmützchen mutig eingeschritten war, als die anderen Kinder Wally den Schulrucksack weggenommen hatten. Sie erklärte ihm, dass auch eine Krankheit schuld sein kann, wenn Kinder so dick werden. Oft sei es auch so, dass die Kinder traurig sind, weil sie so dick sind und vor lauter Traurigkeit noch mehr essen und noch dicker werden. Hannah sagte, dass ein echter Freund in dieser Situation helfen könne.

Die Worte der Mutter machten Goldmützchen nachdenklich.

Dann schaute er auf die Uhr, zog sich um und lief in den Wald. Er hatte heute keine Hausaufgaben auf, so dass er den ganzen Nachmittag spielen konnte.

Frederic war schon am See. Er wollte gerade eine Libelle fangen, als er den Zwerg sah.

„Hallo Goldmützchen! Wie schön, dass du gekommen bist. Lass uns eine Runde schwimmen. Mal sehen, ob du es noch kannst", begrüßte ihn der Frosch fröhlich.

„Na klar kann ich noch schwimmen. Ich habe mich schon den ganzen Tag darauf gefreut!", rief Goldmützchen, zog seine Sachen aus und sprang ins Wasser.

Die beiden schwammen um die Wette und planschten fröhlich im Waldsee herum. Nach einer Weile trocknete sich Goldmützchen ab, zog sich an und setzte sich zu Frederic ans Ufer.

Frederic erzählte, dass er mit seinen vier Brüdern, seinen Eltern und vielen anderen Froschfamilien im See wohnt. Er erklärte, dass es verschiedene Frösche gibt, manche sind klein, manche groß, manche sind grün, andere braun oder grau.

Goldmützchen hörte aufmerksam zu. Dann erzählte er von der Schule und berichtete seinem neuen Freund, was er schon alles gelernt hatte.

Frederic staunte: „Das muss toll sein, mit anderen Kindern zusammen zu lernen!"

Goldmützchen zögerte kurz. Dann jedoch beschrieb er, wie es wirklich in der Schule war.

Frederic war sprachlos, als er hörte, dass

sein Zwergenfreund aufgrund der Farbe seiner Mütze von den anderen Kindern geärgert wurde. Sanft legte er seine Froschhand auf die Hand des Zwergenkindes.

Goldmützchen spürte, wie eine wohlige Wärme durch seinen Körper drang. Er umarmte seinen neuen Freund.

Da entdeckte Frederic das Leuchten von Goldmützchens Mütze.

„Oh, wie schön! Du bist ja wirklich ein Goldmützchen!", rief er fröhlich und sprang jauchzend in die Höhe.

# Wally fehlt

Ein paar Tage später blieb der Platz neben Goldmützchen schon wieder frei. Wo war Wally?

Pepe hatte wie immer eine Antwort parat: „Der dicke Walfisch ist geplatzt!"

Die anderen Kinder lachten. Goldmützchen war wütend, aber was sollte er allein gegen diese Gemeinheiten tun?

Frau Sonsalla informierte die Kinder, dass Wally krank sei. Sie fragte, ob ihr jemand die Hausaufgaben bringen könnte. Keiner meldete sich. Goldmützchen zögerte kurz, doch dann erklärte er sich dazu bereit.

Nach der Schule ging Goldmützchen schnell nach Hause. Er durfte nicht bummeln, denn er musste nach dem Mittagessen seine Hausaufgaben machen und sie danach zu Wally bringen. Dann wollte er auch Frederic noch besuchen.  Nur in Mathematik hatten sie Aufgaben bekommen, die gingen Goldmützchen schnell von der Hand. Danach zog er sich an und lief zu Wally.

Das Zwergenmädchen wohnte in einem großen Haus am Marktplatz. In der unteren Etage befand sich die Bäckerei.

Schon von Weitem nahm Goldmützchen den Duft von frischem Brot und Kuchen wahr. Obwohl das Mittagessen noch nicht einmal eine Stunde her war, bekam er schon wieder Appetit. Er klingelte und eine kräftige Frau machte ihm die Tür auf.

„Du musst Goldmützchen sein! Danke, dass du Wally die Aufgaben bringst. Komm herein. Hier geht es zu ihrem Zimmer. Möchtest du ein Stück Schokoladenkuchen?"

„Oh ja, gern.", erwiderte Goldmützchen.

Wallys Zimmer war sehr groß. Hier hatte man viel Platz zum Spielen. Vor dem Fenster stand ein Klavier. An den Wänden hingen Bilder mit bunten Blumen. Ein großes Regal war mit Büchern gefüllt. Wally saß auf dem Bett und las.

„Hallo Wally, wie geht es dir?", begrüßte Goldmützchen das Mädchen.

„Es geht schon wieder", sagte sie. „Ich habe

noch Kopfschmerzen. Dr. Fips meint, dass ich übermorgen wieder in die Schule gehen kann."

„Okay, ich bringe dir auch morgen die Hausaufgaben, damit du nicht so viel verpasst."

Goldmützchen erklärte ihr die Matheaufgaben. Wally war schlau. Sie konnte gut rechnen und hatte die Ergebnisse in wenigen Minuten parat. Als die Hausaufgaben fertig waren, ließen sich die beiden den leckeren Kuchen schmecken. Bei der Verabschiedung fragte Wally, ob sie die Hausaufgaben nicht öfter zusammen machen könnten, auch wenn sie nicht krank sei.

Goldmützchen sagte: „Na klar, und danach gehen wir zusammen spielen!"

Dann lief er hinaus. Schließlich musste er Frederic von seinem Tag erzählen.

Wally sah Goldmützchen dankbar hinterher. Sie bemerkte, dass ein goldener Schimmer seine Mütze umgab und fühlte sich plötzlich schon fast wieder gesund.

# Die Verabredung

Am nächsten Tag wollte Goldmützchen Wally wieder die Hausaufgaben bringen. Die anderen Kinder in der Schule hatten gehässige Bemerkungen darüber gemacht.

Sie riefen: „Gelbhut und Wally Walfisch, das perfekte Paar."

Goldmützchen ärgerte sich darüber. Doch dann dachte er daran, dass ein schöner Nachmittag mit Frederic bevorstand. Gleich fühlte er sich nicht mehr so allein.

Nach dem Essen lief er zu Wally. Heute mussten sie ein Lied lernen, denn am nächsten Tag hatten sie Musikunterricht. Goldmützchen sang gern, aber es gelang ihm nicht so gut.

Er war verblüfft, als Wally zu singen begann. Sie hatte eine so klare Stimme. Dann setzte sie sich an das Klavier und spielte die Melodie dazu.

Sie spornte Goldmützchen an, mitzusingen. Zu zweit gelang es prima. Goldmützchen war beeindruckt von dem schönen Klang.

Wallys Mutter kam leise ins Zimmer. Sie brachte frischen Kuchen. Als die beiden das Lied beendet hatten, klatschte sie vor Begeisterung in die Hände. Die Kinder aßen den leckeren Kuchen und tranken Kakao dazu.

Als Goldmützchen sich verabschiedete, sagte er zu Wally: „Morgen nach den Hausaufgaben gehen wir spielen. Ich will dir meinen Freund Frederic vorstellen. Lass dich überraschen!".

Mit dem neu erlernten Lied auf den Lippen zog Goldmützchen fröhlich los in den Wald. Am Waldsee angekommen, entdeckte er seinen grünen Freund. Nachdem sie ein paar Runden geschwommen waren, setzten sich die beiden auf die Wiese.

Goldmützchen erzählte von Wally und von den Kindern, die sie aufgrund ihres Gewichtes ärgerten.

Frederic konnte es nicht fassen.

„Warum sind Zwergenkinder so gemein zueinander?", fragte er. Das konnte Goldmützchen auch nicht beantworten.

# Drei Freunde

Am nächsten Tag nach den Hausaufgaben wollte Goldmützchen sein Versprechen einlösen und Wally mit Frederic bekannt machen.

Wally war noch unschlüssig. Der Weg in den Wald war weit und anstrengend. Doch sie wollte Goldmützchen auch nicht enttäuschen. Schließlich hatte er sich für sie stark gemacht.

Also nahm sie allen Mut zusammen und die beiden gingen los. Ab und zu mussten sie eine Pause einlegen.

Frederic wartete schon am Ufer des Sees. Als er die beiden ankommen sah, hüpfte er ihnen freudig entgegen. „Herzlich willkommen! Du musst Wally Walfisch sein, ich habe schon viel von dir gehört!"

Wally erschrak, als sie diesen Spitznamen hörte und schaute beschämt nach unten.

Frederic bemerkte seinen Fehler und entschuldigte sich.

„Bitte sei nicht böse. Wenn du es nicht willst, werde ich dich nie wieder so nennen. Doch für uns Frösche ist ‚Walfisch‘ keine Beleidigung. Im Gegenteil, wir bewundern diesen großen, mächtigen Fisch.“

Wally nahm die Entschuldigung an. Sie spürte, dass der Frosch es ehrlich meinte.

Goldmützchen legte seine Arme um die beiden und flugs war der Ärger vergessen.

Das Mädchen setzte sich ans Ufer. Der weite Weg hatte sie angestrengt. Sie war fassungslos, als Goldmützchen zusammen mit dem Frosch ins Wasser sprang.

„Goldmützchen kann schwimmen wie ein Fisch“, staunte sie.

Zunächst hatte sie Angst um ihren Freund, denn sie kannte keinen einzigen Zwerg, der schwimmen konnte. Dann erkannte sie jedoch, wie sicher Goldmützchen durch das Wasser glitt.

Bald kamen Goldmützchen und Frederic wieder an Land und setzten sich zu Wally in die Sonne.

Goldmützchen erzählte dem Mädchen, wie er das Schwimmen gelernt hatte und wie leicht er sich im Wasser fühlte. Wally hörte voller Bewunderung zu.

Frederic, der noch ein schlechtes Gewissen hatte, bot Wally an, es ihr beizubringen. Darüber musste sie noch nachdenken. So viel Mut hatte sie noch nicht.

# Der Wandertag

Am nächsten Tag fiel der Unterricht aus. Es war Wandertag. Die Schulbücher und die Hefte konnten zu Hause bleiben.

Die Kinder hatten sich Wandersachen und bequeme Schuhe angezogen und etwas zu essen und zu trinken in die Rucksäcke gepackt. Alle warteten gespannt auf die Lehrerin.

Pepe hatte ein kleines blondes Mädchen mitgebracht, es war seine Schwester Paulina.

Die Eltern der beiden leiteten das Wasserwerk im Dorf. In der Nacht hatte es eine Havarie gegeben. Der Schaden musste nun schnell repariert werden, dabei wurden alle Hände gebraucht.

Da die Eltern Paulina nicht betreuen konnten, nahm er sie kurzentschlossen mit zum Wandertag.

Er hatte seine Schwester sehr gern.

Frau Sonsalla begrüßte die Kinder und erklärte den Weg. Fröhlich zogen sie los.

Goldmützchen blieb bei Wally, die sich immer wieder ausruhen musste. Da der Zwergenjunge oft in der Gegend unterwegs war, kannte er den Weg genau.

Obwohl Paulina dabei war, konnte Pepe es nicht lassen, sich über Goldmützchen und Wally lustig zu machen.

„Guck mal Paulina, dass ist unser Traumpaar: Gelbhut und der dicke Walfisch."

Alle Kinder lachten. Paulina verstand nicht genau warum, doch sie lachte mit.

Am See machten sie Halt. Hier sollte ein Picknick stattfinden.

Die meisten Kinder wussten nicht, was ein Picknick ist. Die Lehrerin erklärte, dass bei einem Picknick eine Mahlzeit im Freien eingenommen wird.

Die Kinder breiteten ihre Decken auf der Wiese aus und setzten sich zusammen. Sie nahmen ihre Brotbüchsen und Getränke aus den Rucksäcken.

Goldmützchen und Wally saßen etwas entfernt von den anderen.

Wally entdeckte Frederic auf einem Seerosenblatt. Sie winkte ihm heimlich zu.

Paulina wurde es bald langweilig mit den großen Kindern. Sie flitzte umher und versuchte, Schmetterlinge zu fangen.

Da flog wieder ein hübscher bunter Schmetterling!

Platsch!

Was war das? Erschrocken sprangen die Kinder auf. Paulina war ins Wasser gefallen.

Sie schrie: „Hilfe, Hilfe, ich ertrinke!"

Pepe war außer sich. Er lief zum Ufer. Er weinte und rief verzweifelt um Hilfe.

Frau Sonsalla lief zum Ufer, doch auch sie konnte nicht schwimmen.

Goldmützchen zögerte nicht. Blitzschnell rannte er los, sprang ins Wasser, schwamm zu Paulina und brachte das Mädchen an Land.

Die Kinder waren vor Schreck verstummt.

Als Goldmützchen mit dem Mädchen ans Ufer kam, jubelten ihm alle zu. Die Kinder klatschten in die Hände und riefen „Danke! Danke! Danke!"

Pepe nahm seine kleine Schwester in die Arme. Goldmützchen war glücklich, dass ihm die Rettung des Mädchens gelungen war. Paulina machte sich aus der Umarmung ihres Bruders los, lief zu Goldmützchen, umschlang ihn mit beiden Armen und drückte ihn.

Alle Kinder bemerkten das goldene Leuchten der Zwergenmütze.

Plötzlich rief ein Mädchen: „Ob die Mütze rot ist oder gelb, Goldmützchen ist unser Held!"

Die anderen Kinder stimmten fröhlich ein: „Ob die Mütze rot ist oder gelb, Goldmützchen ist unser Held!"

Frederic hatte alles beobachtet. Er saß auf dem Seerosenblatt und klatschte vor Freude in die Hände. Von diesem Tag an kam kein Kind mehr auf die Idee, ‚Gelbhut' zu Goldmützchen zu sagen.

# Der König kommt

Goldmützchens Heldentat hatte sich in wenigen Tagen bis zu König Cody I. herumgesprochen. Der König konnte die Geschichte vom mutigen Zwergenjungen nicht glauben.

„Wie sollte ein Zwerg denn schwimmen können? Das gab es doch noch nie!", dachte er. „Und wieso lebt im Randuriland ein Zwerg mit einer gelben Mütze?"

König Cody I. musste sich selbst davon überzeugen. Er nahm Fergus, seinen Berater sowie zwei seiner Diener mit und machte sich auf den Weg nach Skibberi.

Die Bewohner des Dorfes standen vor ihren Häusern und jubelten dem König zu. Noch nie war der König in Skibberi gewesen. König Cody I. grüßte freundlich zurück.

Sein Interesse galt jedoch vor allem dem Hof am Waldrand, wo der besagte Zwergenjunge wohnen sollte.

Marius und Hannah hatten den Hof aufgeräumt und den Zaun ringsherum mit bunten Wimpeln geschmückt. Sie nahmen den König mit Fergus und den beiden Dienern in Empfang. Marius versorgte die Pferde mit Wasser und Heu.

Hannah hatte Apfelkuchen mit Streuseln gebacken. Sie hatte sich vor dem Besuch erkundigt, welchen Kuchen der König am liebsten aß. König Cody I. freute sich sehr über den leckeren Kuchen und setzte sich mit seinen Begleitern an den gedeckten Tisch.

Zuerst wollte er jedoch den mutigen Zwergenjungen kennenlernen.

Goldmützchen war neugierig auf den König, doch ein wenig Angst hatte er auch. Zur Sicherheit hatte er sich in der Küche versteckt.

Als Marius ihn rief, kam er heraus und begrüßte den König.

Der König zögerte, als er die gelbe Mütze erblickte. Dann gab er Goldmützchen die Hand und bat ihn, neben ihm Platz zu nehmen. Alle aßen zusammen Streuselkuchen und dann wollte der König die ganze Geschichte hören.

Goldmützchen erzählte, wie er Frederic, den Frosch, kennengelernt hatte. Er verschwieg auch nicht, dass die anderen Kinder aufgrund seiner gelben Mütze nicht mit ihm spielen wollten und er daher oft allein im Wald unterwegs war. Die Tiere im Wald machten keine Unterschiede.

Er berichtete, wie ihm Frederic die Schwimmbewegungen gezeigt hatte und wie es ihm gelungen war, seine Angst vor dem Wasser zu überwinden.

König Cody I. wollte alles ganz genau wissen: „Wie ist es denn im Wasser? Wie fühlt sich das an? Warum geht man nicht unter?"

Goldmützchen erklärte, dass er sich mit den Schwimmbewegungen gut über Wasser halten und schnell fortbewegen kann. Er legte sich bäuchlings auf einen Stuhl und zeigte den Männern, wie man die Arme und die Beine beim Schwimmen bewegen muss.

Der König wollte nun sehen, wie der Zwerg im Wasser schwamm. Also sattelten sie die Pferde und folgten dem kleinen Jungen zum Waldsee.

Frederic saß bereits erwartungsvoll auf dem Seerosenblatt. Goldmützchen hatte ihm am Tag zuvor berichtet, dass der König kommen würde und dass wollte sich der Frosch nicht entgehen lassen. Er hatte noch nie einen König gesehen.

Die Diener breiteten eine Decke auf der Wiese aus, sodass sich der König setzen konnte.

„Nun zeig uns einmal, ob ein Zwerg wirklich schwimmen kann.", bat der König.

„Das mache ich gern.", antwortete Goldmützchen und zog seinen Pulli und die Hose aus. Seine Mutter hatte ihm eine schicke Badehose genäht.

Er lief zum See, sprang hinein, sodass das Wasser spritzte, und schwamm los.

Der König und seine Begleiter waren vor Schreck aufgesprungen. Sie gingen vorsichtig näher ans Ufer, um alles genau verfolgen zu können. Nun entdeckten sie auch Frederic, der mit Goldmützchen um die Wette schwamm.

Der Zwergenjunge kam stolz aus dem Wasser heraus. Frederic blieb etwas auf Abstand. Er war sich nicht sicher, ob er dem König vertrauen konnte. Goldmützchen trocknete sich ab und bat seine Gäste, die Schuhe auszuziehen und ein kleines Stück mit ins Wasser zu kommen.

Die Männer waren verblüfft. Noch nie hatte jemand den König gebeten, seine Schuhe auszuziehen! Doch das wusste Goldmützchen nicht.

König Cody I. forderte zuerst seinen Freund Fergus auf, es zu versuchen. Fergus zog seine Schuhe und Strümpfe aus und folgte Goldmützchen. Er war überrascht, wie angenehm das Wasser die Füße umspülte.

„Oh, wie erfrischend das Wasser ist! Der Untergrund ist ganz weich!", rief er.

Danach sollte Fergus die Schwimmbewegungen erlernen. Der König und die Diener machten gleich mit. Frederic war nun auch an Land gekommen, um Goldmützchen bei der Erklärung zu unterstützen. Alle vier Männer machten die Armbewegungen genau nach. Dann mussten sie sich auf den

Bauch legen, um die Beinbewegungen zu erlernen.

Nun zog Fergus seine feinen Kleider bis auf
die Unterwäsche aus. Auch wenn er ge-
wöhnlich sehr mutig war, schlotterten ihm
nun doch die Knie.

Goldmützchen nahm Fergus' Hand und führ-
te ihn langsam ins Wasser. Als der See tiefer
wurde, bekam er Angst. Doch Goldmützchen machte ihm Mut und beide schwammen los.

Fergus wunderte sich, wie leicht er im Wasser war. Er glitt neben dem Zwerg mit der
gelben Mütze durch das Wasser wie ein
Fisch. Belustigt nahm er wahr, dass ihn der
König und die Diener staunend beobachte-
ten. Es wurde Zeit, wieder an Land zu
schwimmen.

Die Männer nahmen Goldmützchen und Fergus mit Applaus in Empfang, gaben ihnen
Tücher zum Abtrocknen und drängten sich
um sie herum.

Fergus erzählte alles ganz genau. Er berichtete, wie leicht er sich im Wasser fühlte. Der

König wollte auch schwimmen lernen, aber zuerst brauchte er eine Badehose wie Goldmützchen.

Fröhlich ritten sie zurück ins Dorf. Auf dem Marktplatz standen schon Stühle und festlich geschmückte Tische bereit. König Cody I. hatte alle Dorfbewohner zu einem Fest eingeladen.

# Der Orden

Als alle Einwohner einen Platz an den gedeckten Tischen gefunden hatten, stieg König Cody I. auf die Bühne. Er dankte den Zwergen des Dorfes Skibberi für den freundlichen Empfang und berichtete von seinen Erlebnissen am See.

„Ich habe nicht geglaubt, dass Zwerge wirklich schwimmen können. Schon meine Eltern haben mich immer vor dem Wasser gewarnt. Mein Bruder Angus ist als Kind in einem See ertrunken. Hätte er schwimmen können, wäre er noch am Leben. Hätte ich schwimmen können, hätte ich ihn vielleicht retten können."

Der König zögerte. Seine Augen füllten sich mit Tränen. Auf dem Markt wurde es ganz still.

„Ich habe bei euch im Dorf einen kleinen Jungen kennengelernt, der mutig ein Zwergenmädchen vor dem Ertrinken gerettet hat. Ich bitte Goldmützchen auf die Bühne und zeichne ihn aus mit dem Lebensretter-Orden, der höchsten und wichtigsten Auszeichnung im Randuriland.“

Goldmützchen lief zur Bühne. Oben angekommen, zitterten ihm die Knie vor Aufregung. Stolz nahm er den Orden in Empfang. Eine unbeschreibliche Freude erfüllte den kleinen Zwergenjungen.

Seine Mütze strahlte wie nie zuvor, als die Menschen auf dem Marktplatz in die Hände klatschten und riefen: „Ob die Mütze rot ist oder gelb, Goldmützchen ist unser Held!“

Bis spät in die Nacht feierten die Zwerge in Skibberi. Es war für alle genug zu essen und zu trinken da. Auf Wunsch von Goldmützchen gab es für die Kinder Eierkuchen mit Apfelmus.

König Cody saß mit Fergus, Marius und Hannah noch lange zusammen. Sie überlegten, wie es gelingen könnte, allen Zwergen im Land das Schwimmen beizubringen. Zuerst wollte der König selbst schwimmen lernen, denn ein guter König musste immer ein Vorbild sein.

Er beauftragte Hannah, ihm und seinen Begleitern Badehosen zu nähen.

Sie musste sich beeilen, denn schon am nächsten Tag sollte es losgehen.

Zwei Fragen ließen den König nicht los: „Warum hat das Zwergenkind eine gelbe Mütze und wie kommt es, dass sie manchmal strahlt wie echtes Gold?"

∗∗∗

Wollt ihr wissen, wie Goldmützchens Geschichte weitergeht und ob der König Ant-
worten auf seine Fragen erhält?

Dann lest den zweiten Teil:

# Goldmützchens Abenteuer

## - Spurensuche -

Erscheint im Sommer 2025

# Impressum

Bibliografische Information der Deutschen Nationalbibliothek:
Die Deutsche Nationalbibliothek verzeichnet diese Publikation
in der Deutschen Nationalbibliografie; detaillierte bibliografische Daten sind im Internet über http://dnb.dnb.de abrufbar.

Die automatisierte Analyse des Werkes, um daraus Informa-
tionen insbesondere über Muster, Trends und Korrelationen
gemäß §44b UrhG („Text und Data Mining")
zu gewinnen, ist untersagt.



2. Auflage

Illustrationen: Satria Lembu Sura

Verlag: BoD • Books on Demand GmbH, In de Tarpen 42,
22848 Norderstedt

Druck: Libri Plureos GmbH, Friedensallee 273, 22763 Hamburg

ISBN: 978-3-7583-6770-0